大方廣佛華嚴經 寫經

12

🌸 일러두기

1. 『사경본 한글역 대방광불화엄경』은 『독송본 한문·한글역 대방광불화엄경』에 수록된 한글역을 사경하는 데 편의를 도모하기 위해 편집을 달리하여 간행한 것이다.

2. 『독송본 한문·한글역 대방광불화엄경』은 실차난타가 한역(695~699)한 80권 『대방광불화엄경』의 한문 원문과 한글역을 함께 수록한 것이다. 한문 저본은 고종 2년(1865) 월정사에서 인경한 고려대장경 『대방광불화엄경』이다.

3. 한글 번역은 동국역경원에서 발간한 한글 『대방광불화엄경』(운허)을 중심으로 하고 『신화엄경합론』(탄허)과 『대방광불화엄경 강설』(여천무비) 그리고 최근의 여타 번역본 등을 참조하였다.

4. 한글 번역은 독송과 사경을 위하여 정확성과 아울러 가독성을 고려하였다. 극존칭은 부처님과 불경계에 대해서만 사용하였다.

5. 사경본의 차례는 일러두기 → 한글역 본문 → 화엄경 목차 → 간행사이며 80권 『대방광불화엄경』의 권별 목차 순으로 독송본과 함께 간행한다. (법공양판에는 간행사 다음에 간행불사 동참자를 밝혀 두었다.)

사경본 한글역
대방광불화엄경 제12권

7. 여래명호품
8. 사성제품

수미해주

대방광불화엄경 제12권 변상도

대방광불화엄경
제12권

7. 여래명호품

_____ 은(는) 『대방광불화엄경』을
사경하는 인연공덕으로
『화엄경』이 널리 유통되고
우리 모두 다함께 보리 이루기를 발원하옵니다.

대방광불화엄경
제12권

7. 여래명호품

그때에 세존께서 마갈제국의 아란야법 보리도량에서 비로소 정각을 이루시고, 보광명전에서 연화장 사자좌에 앉으셨다.

묘한 깨달음이 다 원만하시며, 두 가지 행이 영원히 끊어지시며, 모양

없는 법을 요달하시며, 부처님 머무르시는 데 머무르시며, 부처님의 평등을 얻으시며, 장애 없는 곳과 굴릴 수 없는 법에 이르시며, 행하는 바가 걸림이 없으시며, 사의할 수 없는 법을 세우시며, 널리 삼세를 보셨다.

 열 부처님 세계 미진수의 모든 보살들과 함께 하시니 다 일생보처 아님이 없으며 모두 타방으로부터 함께 와서 모였다.
 모든 중생계와, 법계와, 세계와, 열

반계와, 모든 업의 과보와, 마음으로 행하는 차례와, 일체 글과 뜻과, 세간과 출세간과, 함이 있음과 함이 없음과, 과거와 현재와 미래를 널리 잘 관찰하였다.

그때에 모든 보살들이 이러한 생각을 하였다.

"만약 세존께서 우리들을 애민히 여기시면, 원컨대 즐겨하는 바를 따라서 부처님 세계와 부처님의 머무르심과 부처님 세계의 장엄과 부처님 법의 성품과 부처님 세계의 청정과 부처님의 설하신 법과 부처님 세계의 체성과 부처님의 위덕과 부처님 세계의 성취와 부처님의 대보리를 열어 보이소서.

저 시방 일체 세계의 모든 부처님 세존께서 일체 보살을 성취케 하시는 연고이며, 여래의 종성이 끊어지지 않게 하시는 연고이며, 일체 중생을 구호하시는 연고이며, 모든 중생들이 일체 번뇌를 영원히 여의게 하시는 연고이며, 일체 모든 행을 분명히 아시는 연고이며, 일체 모든 법을 연설하시는 연고이며, 일체 잡되고 물든 것을 깨끗이 없애시는 연고이며, 일체 의심의 그물을 영원히 끊으시는 연고이며, 일체 희망을 뽑아 제거하시는 연고이며, 일체 애착하는 곳을 깨뜨려 소멸하시는 연고로, 모든 보살의 십주와 십행과 십회향과 십장과 십지와 십원과 십정과 십통과 십정을 설하십니다.

그리고 여래의 지위와 여래의 경계와 여래의 신력과 여래의 행하시는 바와 여래의 힘과 여래의 두려움 없음과 여래의 삼매와 여래의 신통과 여래의 자재와 여래의 무애와 여래의 눈과 여래의 귀와 여래의 코와 여래의 혀와 여래의 몸과 여래의 뜻과 여래의 변재와 여래의 지혜와 여래의 가장 수승함을 설하십니다. 원컨대 부처님 세존께서 또한 우리들을 위하여 설해주소서."

그때에 세존께서 모든 보살들의 마음에 생각한 바를 아시고, 각각 그 종류를 따라서 신통을 나타내셨다.

신통을 나타내신 후, 동방으로 열 부처님 세계 미진수의 세계를 지나서 세계가 있으니 이름이 금색이고, 부처님 명호는 부동지이시며, 그 세계 가운데 보살이 있으니 이름은 문수사리이며, 열 부처님 세계 미진수의 모든 보살들과 함께 부처님 처소에 나아가 이르러서 예배하고, 곧 동방에 연화장 사자좌를 변화하여 만들고 결가부좌하였다.

　남방으로 열 부처님 세계 미진수의 세계를 지나서 세계가 있으니 이름이 묘색이고, 부처님 명호는 무애지이시다.

　그곳에 보살이 있으니 이름은 각수이며, 열 부처님 세계 미진수의 모든 보살들과 함께 부처님 처소에 나아가 이르러서 예배하고, 곧 남방에 연화장 사자좌를 변화하여 만들고 결가부좌하였다.

　서방으로 열 부처님 세계 미진수의 세계를 지나서 세계가 있으니 이름이 연화색이고, 부처님 명호는 멸암지이시다.

　그곳에 보살이 있으니 이름은 재수이며, 열 부처님 세계 미진수의 모든 보살들과 함께 부처님 처소에 나아가 이르러서 예배하고, 곧 서방에 연화장 사자좌를 변화하여 만들고 결가부좌하였다.

북방으로 열 부처님 세계 미진수의 세계를 지나서 세계가 있으니 이름이 담복화색이고, 부처님 명호는 위의지이시다.

그곳에 보살이 있으니 이름은 보수이며, 열 부처님 세계 미진수의 모든 보살들과 함께 부처님 처소에 나아가 이르러서 예배하고, 곧 북방에 연화장 사자좌를 변화하여 만들고 결가부좌하였다.

동북방으로 열 부처님 세계 미진수

의 세계를 지나서 세계가 있으니 이름이 우발라화색이고, 부처님 명호는 명상지이시다.

그곳에 보살이 있으니 이름은 공덕수이며, 열 부처님 세계 미진수의 모든 보살들과 함께 부처님 처소에 나아가 이르러서 예배하고, 곧 동북방에 연화장 사자좌를 변화하여 만들고 결가부좌하였다.

동남방으로 열 부처님 세계 미진수의 세계를 지나서 세계가 있으니 이름이 금색이고, 부처님 명호는 구경지이시다.

그곳에 보살이 있으니 이름은 목수이며, 열 부처님 세계 미진수의 모든 보살들과 함께 부처님 처소에 나아가 이르러서 예배하고, 곧 동남방에 연화장 사자좌를 변화하여 만들고 결가부좌하였다.

서남방으로 열 부처님 세계 미진수의 세계를 지나서 세계가 있으니 이름이 보색이고, 부처님 명호는 최승지이시다.

　그곳에 보살이 있으니 이름은 정진수이며, 열 부처님 세계 미진수의 모든 보살들과 함께 부처님 처소에 나아가 이르러서 예배하고, 곧 서남방에 연화장 사자좌를 변화하여 만들고 결가부좌하였다.

　서북방으로 열 부처님 세계 미진수의 세계를 지나서 세계가 있으니 이름이 금강색이고, 부처님 명호는 자재지이시다.

그곳에 보살이 있으니 이름은 법수이며, 열 부처님 세계 미진수의 모든 보살들과 함께 부처님 처소에 나아가 이르러서 예배하고, 곧 서북방에 연화장 사자좌를 변화하여 만들고 결가부좌하였다.

하방으로 열 부처님 세계 미진수의 세계를 지나서 세계가 있으니 이름이 파려색이고, 부처님 명호는 범지이시다.

그곳에 보살이 있으니 이름은 지수

이며, 열 부처님 세계 미진수의 모든 보살들과 함께 부처님 처소에 나아가 이르러서 예배하고, 곧 하방에 연화장 사자좌를 변화하여 만들고 결가부좌하였다.

상방으로 열 부처님 세계 미진수의 세계를 지나서 세계가 있으니 이름이 평등색이고, 부처님 명호는 관찰지이시다.

그곳에 보살이 있으니 이름은 현수이며, 열 부처님 세계 미진수의 모든 보살들과 함께 부처님 처소에 나아가 이르러서 예배하고, 곧 상방에 연화장 사자좌를 변화하여 만들고 결가부좌하였다.

그때에 문수사리 보살마하살이 부처님의 위신력을 받들어 일체 보살 대중모임을 널리 관찰하고 이러한 말씀을 하였다.

"이 모든 보살들이 매우 희유하도

다. 모든 불자들이여, 부처님의 국토가 불가사의하며, 부처님의 머무르심과 부처님 세계의 장엄과 부처님 법의 성품과 부처님 세계의 청정과 부처님의 설법과 부처님의 출현과 부처님 세계의 성취와 부처님의 아뇩다라삼먁삼보리가 모두 불가사의하다.

무슨 까닭인가. 모든 불자들이여, 시방세계의 일체 모든 부처님께서 모든 중생들의 욕락이 같지 아니함을 아시고 그 마땅한 바를 따라 법을 설하여 조복하시며, 이와 같이 내지 법계와 허공계까지도 같이 하셨다.

모든 불자들이여, 여래께서 이 사바세계의 모든 사천하에서 갖가지 몸과 갖가지 명호와 갖가지 색상과 갖가지 길고 짧음과 갖가지 수명과 갖가지 처소와 갖가지 모든 근과 갖가지 나는 곳과 갖가지 어업과 갖가지 관찰로, 모든 중생들로 하여금 각각 다르게 알고 보게 하신다.

모든 불자들이여, 여래가 이 사천

하에서 혹은 명호가 일체의성이며, 혹은 명호가 원만월이며, 혹은 명호가 사자후이며, 혹은 명호가 석가모니이며, 혹은 명호가 제칠선이며, 혹은 명호가 비로자나이며, 혹은 명호가 구담씨이며, 혹은 명호가 대사문이며, 혹은 명호가 최승이며, 혹은 명호가 도사이시다.

이와 같은 명호가 그 수가 십천이니, 모든 중생들로 하여금 각각 다르게 알고 보게 하신다.

모든 불자들이여, 이 사천하의 동방에 다음 세계가 있으니 이름이 선호이다.

여래가 그곳에서는 혹은 명호가 금강이며, 혹은 명호가 자재이며, 혹은 명호가 유지혜이며, 혹은 명호가 난승이며, 혹은 명호가 운왕이며, 혹은 명호가 무쟁이며, 혹은 명호가 능위주이며, 혹은 명호가 심환희이며, 혹은 명호가 무여등이며, 혹은 명호가 단언론이시다.

이와 같은 명호가 그 수가 십천이

니, 모든 중생들로 하여금 각각 다르게 알고 보게 하신다.

모든 불자들이여, 이 사천하의 남방에 다음 세계가 있으니 이름이 난인이다.

여래가 그곳에서는 혹은 명호가 제석이며, 혹은 명호가 보칭이며, 혹은 명호가 이구이며, 혹은 명호가 실어이며, 혹은 명호가 능조복이며, 혹은 명호가 구족희이며, 혹은 명호가 대명칭이며, 혹은 명호가 능이익이며,

혹은 명호가 무변이며, 혹은 명호가 최승이시다.

이와 같은 명호가 그 수가 십천이니, 모든 중생들로 하여금 각각 다르게 알고 보게 하신다.

모든 불자들이여, 이 사천하의 서방에 다음 세계가 있으니 이름이 친혜이다.

여래가 그곳에서는 혹은 명호가 수천이며, 혹은 명호가 희견이며, 혹은 명호가 최승왕이며, 혹은 명호가 조복천이며, 혹은 명호가 진실혜이며, 혹은 명호가 도구경이며, 혹은 명호가 환희이며, 혹은 명호가 법혜이며, 혹은 명호가 소작이판이며, 혹은 명호가 선주이시다.

이와 같은 명호가 그 수가 십천이니, 모든 중생들로 하여금 각각 다르게 알고 보게 하신다.

모든 불자들이여, 이 사천하의 북방에 다음 세계가 있으니 이름이 유사자이다.

여래가 그곳에서는 혹은 명호가 대모니이며, 혹은 명호가 고행이며, 혹은 명호가 세소존이며, 혹은 명호가 최승전이며, 혹은 명호가 일체지이며, 혹은 명호가 선의이며, 혹은 명호가 청정이며, 혹은 명호가 예라발나이며, 혹은 명호가 최상시이며, 혹은 명호가 고행득이시다.

이와 같은 명호가 그 수가 십천이니, 모든 중생들로 하여금 각각 다르게 알고 보게 하신다.

모든 불자들이여, 이 사천하의 동북방에 다음 세계가 있으니 이름이 묘관찰이다.

여래가 그곳에서는 혹은 명호가 조복마이며, 혹은 명호가 성취이며, 혹은 명호가 식멸이며, 혹은 명호가 현천이며, 혹은 명호가 이탐이며, 혹은 명호가 승혜이며, 혹은 명호가 심평등이며, 혹은 명호가 무능승이며, 혹은 명호가 지혜음이며, 혹은 명호가 난출현이시다.

이와 같은 명호가 그 수가 십천이

니, 모든 중생들로 하여금 각각 다르게 알고 보게 하신다.

모든 불자들이여, 이 사천하의 동남방에 다음 세계가 있으니 이름이 희락이다.

여래가 그곳에서는 혹은 명호가 극위엄이며, 혹은 명호가 광염취이며, 혹은 명호가 변지이며, 혹은 명호가 비밀이며, 혹은 명호가 해탈이며, 혹은 명호가 성안주이며, 혹은 명호가 여법행이며, 혹은 명호가 정안왕이며, 혹은 명호가 대용건이며, 혹은 명호가 정진력이시다.

이와 같은 명호가 그 수가 십천이니, 모든 중생들로 하여금 각각 다르게 알고 보게 하신다.

모든 불자들이여, 이 사천하의 서남방에 다음 세계가 있으니 이름이 심견뢰이다.

여래가 그곳에서는 혹은 명호가 안주이며, 혹은 명호가 지왕이며, 혹은 명호가 원만이며, 혹은 명호가 부동이며, 혹은 명호가 묘안이며, 혹은 명호가 정왕이며, 혹은 명호가 자재음이며, 혹은 명호가 일체시이며, 혹은 명호가 지중선이며, 혹은 명호가 승수미이시다.

이와 같은 명호가 그 수가 십천이니, 모든 중생들로 하여금 각각 다르게 알고 보게 하신다.

모든 불자들이여, 이 사천하의 서북방에 다음 세계가 있으니 이름이 묘지이다.

여래가 그곳에서는 혹은 명호가 보변이며, 혹은 명호가 광염이며, 혹은 명호가 마니계이며, 혹은 명호가 가억념이며, 혹은 명호가 무상의이며, 혹은 명호가 상희락이며, 혹은 명호가 성청정이며, 혹은 명호가 원만광이며, 혹은 명호가 수비이며, 혹은 명호가 주본이시다.

이와 같은 명호가 그 수가 십천이니, 모든 중생들로 하여금 각각 다르게 알고 보게 하신다.

모든 불자들이여, 이 사천하의 다음 하방에 세계가 있으니 이름이 염혜이다.

여래가 그곳에서는 혹은 명호가 집선근이며, 혹은 명호가 사자상이며, 혹은 명호가 맹리혜이며, 혹은 명호가 금색염이며, 혹은 명호가 일체지식이며, 혹은 명호가 구경음이며, 혹은 명호가 작이익이며, 혹은 명호가 도구경이며, 혹은 명호가 진실천이며, 혹은 명호가 보변승이시다.

이와 같은 명호가 그 수가 십천이

니, 모든 중생들로 하여금 각각 다르게 알고 보게 하신다.

　모든 불자들이여, 이 사천하의 다음 상방에 세계가 있으니 이름이 지지이다.

　여래가 그곳에서는 혹은 명호가 유지혜이며, 혹은 명호가 청정면이며, 혹은 명호가 각혜이며, 혹은 명호가 상수이며, 혹은 명호가 행장엄이며, 혹은 명호가 발환희이며, 혹은 명호가 의성만이며, 혹은 명호가 여성화이며, 혹은 명호가 지계이며, 혹은 명호가 일도이시다.

이와 같은 명호가 그 수가 십천이니, 모든 중생들로 하여금 각각 다르게 알고 보게 하신다.

모든 불자들이여, 이 사바세계에 백억의 사천하가 있는데, 여래께서 그 가운데 백억만의 갖가지 명호를 두셔서 모든 중생들로 하여금 각각 다르게 알고 보게 하신다.

모든 불자들이여, 이 사바세계의 동방에 다음 세계가 있으니 이름이 밀훈이다.

여래가 그곳에서는 혹은 명호가 평등이며, 혹은 명호가 수승이며, 혹은 명호가 안위이며, 혹은 명호가 개효의이며, 혹은 명호가 문혜이며, 혹은 명호가 진실어이며, 혹은 명호가 득자재이며, 혹은 명호가 최승신이며, 혹은 명호가 대용맹이며, 혹은 명호가 무등지이시다.

이와 같은 백억만의 갖가지 명호를

모든 중생들로 하여금 각각 다르게 알고 보게 하신다.

　모든 불자들이여, 이 사바세계의 남방에 다음 세계가 있으니 이름이 풍일이다.

　여래가 그곳에서는 혹은 명호가 본성이며, 혹은 명호가 근의이며, 혹은 명호가 무상존이며, 혹은 명호가 대지거이며, 혹은 명호가 무소의이며, 혹은 명호가 광명장이며, 혹은 명호가 지혜장이며, 혹은 명호가 복덕장이며, 혹은 명호가 천중천이며, 혹은 명호가 대자재이시다.

　이와 같은 백억만의 갖가지 명호를 모든 중생들로 하여금 각각 다르게 알고 보게 하신다.

　모든 불자들이여, 이 사바세계의 서방에 다음 세계가 있으니 이름이 이구이다.

　여래가 그곳에서는 혹은 명호가 의성이며, 혹은 명호가 지도이며, 혹은 명호가 안주본이며, 혹은 명호가 능

해박이며, 혹은 명호가 통달의이며, 혹은 명호가 낙분별이며, 혹은 명호가 최승견이며, 혹은 명호가 조복행이며, 혹은 명호가 중고행이며, 혹은 명호가 구족력이시다.

이와 같은 백억만의 갖가지 명호를 모든 중생들로 하여금 각각 다르게 알고 보게 하신다.

모든 불자들이여, 이 사바세계의 북방에 다음 세계가 있으니 이름이 풍락이다.

여래가 그곳에서는 혹은 명호가 담복화색이며, 혹은 명호가 일장이며, 혹은 명호가 선주이며, 혹은 명호가 현신통이며, 혹은 명호가 성초매이며, 혹은 명호가 혜일이며, 혹은 명호가 무애이며, 혹은 명호가 여월현이며, 혹은 명호가 신질풍이며, 혹은 명호가 청정신이시다.

이와 같은 백억만의 갖가지 명호를 모든 중생들로 하여금 각각 다르게 알고 보게 하신다.

모든 불자들이여, 이 사바세계의 동북방에 다음 세계가 있으니 이름이 섭취이다.

여래가 그곳에서는 혹은 명호가 영리고이며, 혹은 명호가 보해탈이며, 혹은 명호가 대복장이며, 혹은 명호가 해탈지이며, 혹은 명호가 과거장이며, 혹은 명호가 보광명이며, 혹은 명호가 이세간이며, 혹은 명호가 무애지이며, 혹은 명호가 정신장이며, 혹은 명호가 심부동이시다.

이와 같은 백억만의 갖가지 명호를

모든 중생들로 하여금 각각 다르게 알고 보게 하신다.

모든 불자들이여, 이 사바세계의 동남방에 다음 세계가 있으니 이름이 요익이다.

여래가 그곳에서는 혹은 명호가 현광명이며, 혹은 명호가 진지이며, 혹은 명호가 미음이며, 혹은 명호가 승근이며, 혹은 명호가 장엄개이며, 혹은 명호가 정진근이며, 혹은 명호가 도분별피안이며, 혹은 명호가 승정이며, 혹은 명호가 간언사이며, 혹은 명호가 지혜해이시다.

　이와 같은 백억만의 갖가지 명호를 모든 중생들로 하여금 각각 다르게 알고 보게 하신다.

　모든 불자들이여, 이 사바세계의 서남방에 다음 세계가 있으니 이름이 선소이다.

　여래가 그곳에서는 혹은 명호가 모니주이며, 혹은 명호가 구중보이며, 혹은 명호가 세해탈이며, 혹은 명호가 변지근이며, 혹은 명호가 승연사이며, 혹은 명호가 명료견이며, 혹은 명호가 근자재이며, 혹은 명호가 대선사이며, 혹은 명호가 개도업이며, 혹은 명호가 금강사자이시다.

이와 같은 백억만의 갖가지 명호를 모든 중생들로 하여금 각각 다르게 알고 보게 하신다.

모든 불자들이여, 이 사바세계의 서북방에 다음 세계가 있으니 이름이 환희이다.

여래가 그곳에서는 혹은 명호가 묘화취이며, 혹은 명호가 전단개이며, 혹은 명호가 연화장이며, 혹은 명호가 초월제법이며, 혹은 명호가 법보이며, 혹은 명호가 부출생이며, 혹은 명호가 정묘개이며, 혹은 명호가 광대안이며, 혹은 명호가 유선법이며, 혹은 명호가 전념법이며, 혹은 명호가 망장이시다.

이와 같은 백억만의 갖가지 명호를 모든 중생들로 하여금 각각 다르게 알고 보게 하신다.

모든 불자들이여, 이 사바세계의 다음 하방에 세계가 있으니 이름이 관약이다.

여래가 그곳에서는 혹은 명호가 발기염이며, 혹은 명호가 조복독이며, 혹은 명호가 제석궁이며, 혹은 명호가 무상소이며, 혹은 명호가 각오본이며, 혹은 명호가 단증장이며, 혹은 명호가 대속질이며, 혹은 명호가 상락시이며, 혹은 명호가 분별도이며, 혹은 명호가 최복당이시다.

이와 같은 백억만의 갖가지 명호를

모든 중생들로 하여금 각각 다르게 알고 보게 하신다.

　모든 불자들이여, 이 사바세계의 다음 상방에 세계가 있으니 이름이 진음이다.

　여래가 그곳에서는 혹은 명호가 용맹당이며, 혹은 명호가 무량보이며, 혹은 명호가 낙대시이며, 혹은 명호가 천광이며, 혹은 명호가 길흥이며, 혹은 명호가 초경계이며, 혹은 명호가 일체주이며, 혹은 명호가 불퇴륜이며, 혹은 명호가 이중악이며, 혹은 명호가 일체지이시다.

이와 같은 백억만의 갖가지 명호를 모든 중생들로 하여금 각기 다르게 알고 보게 하신다.

모든 불자들이여, 사바세계처럼 이와 같이 동방으로 백천억과 수없고, 한량없고, 가없고, 같음이 없고, 셀 수 없고, 일컬을 수 없고, 사의할 수 없고, 헤아릴 수 없고, 말할 수 없는, 온 법계 허공계의 모든 세계 가운데

여래의 명호도 갖가지로 같지 않으며, 남방과 서방과 북방과 네 간방과 상방과 하방도 또한 다시 이와 같다.

세존께서 옛적 보살로 계실 때에 갖가지 담론과 갖가지 언어와 갖가지 음성과 갖가지 업과 갖가지 과보와 갖가지 처소와 갖가지 방편과 갖가지 근과 갖가지 믿고 이해함과 갖가지 지위로써 성숙함을 얻으신 것과 같이, 또한 중생들로 하여금 이와

같이 알고 보게 하려고 법을 설하신
다."

대방광불화엄경
제12권

8. 사성제품

_____ 은(는) 『대방광불화엄경』을
사경하는 인연공덕으로
『화엄경』이 널리 유통되고
우리 모두 다함께 보리 이루기를 발원하옵니다.

대방광불화엄경

제12권

8. 사성제품

그때에 문수사리 보살마하살이 모든 보살들에게 말씀하였다.

"모든 불자들이여, 고성제는 이 사바세계 가운데서 혹은 죄라 하며, 혹은 핍박이라 하며, 혹은 변해 달라짐이라 하며, 혹은 반연이라 하며, 혹은 무더기라 하며, 혹은 가시라 하며, 혹은 의지하는 뿌리라 하며, 혹은 허망하게 속임이라 하며, 혹은 악성 종기라 하며, 혹은 어리석은 이의 행이라 한다.

모든 불자들이여, 고집성제는 이 사바세계 가운데서 혹은 계박이라 하며, 혹은 멸괴라 하며, 혹은 애착하는 뜻이라 하며, 혹은 망령된 생각이라 하며, 혹은 나아가 들어감이라 하며, 혹은 결정이라 하며, 혹은 그물이라 하며, 혹은 희론이라 하며, 혹은 따라다님이라 하며, 혹은 거꾸로 된 뿌리라 한다.

모든 불자들이여, 고멸성제는 이 사바세계 가운데서 혹은 다툼이 없음이라 하며, 혹은 티끌을 여읨이라 하며, 혹은 적정이라 하며, 혹은 모양 없음이라 하며, 혹은 없어지지 않음이라 하며, 혹은 자성이 없음이라 하며, 혹은 장애가 없음이라 하며,

혹은 멸이라 하며, 혹은 체성이 진실함이라 하며, 혹은 자성에 머무름이라 한다.

모든 불자들이여, 고멸도성제는 이 사바세계 가운데서 혹은 일승이라 하며, 혹은 고요한 데 나아감이라 하며, 혹은 인도함이라 하며, 혹은 끝까지 분별이 없음이라 하며, 혹은 평등이라 하며, 혹은 짐을 벗음이라 하며, 혹은 나아갈 데 없음이라 하며, 혹은 성인의 뜻을 따름이라 하며, 혹은 신선의 행이라 하며, 혹은 열 가지 무진장이라 한다.

모든 불자들이여, 이 사바세계에서 사성제를 말하는데 이와 같은 사백 억 십천 가지의 이름이 있으니, 중생들의 마음을 따라서 모두 조복하게 하신다.

모든 불자들이여, 이 사바세계에서 고성제라 말하는 것은 저 밀훈세계 가운데서는 혹은 경영하여 구하는 뿌리라 하며, 혹은 벗어나지 못함이라 하며, 혹은 계박의 근본이라 하며, 혹은 아니할 것을 하는 것이라 하며, 혹은 널리 투쟁함이라 하며, 혹은 분석이 다 힘이 없음이라 하며, 혹은 의지할 바를 지음이라 하며, 혹은 극한 고통이라 하며, 혹은 조급하게 움직임이라 하며, 혹은 형상 있는 물건이라 한다.

모든 불자들이여, 고집성제라고 말

한 것은 저 밀훈세계 가운데서는 혹은 생사를 따름이라 하며, 혹은 물듦이라 하며, 혹은 타는 것이라 하며, 혹은 유전이라 하며, 혹은 썩는 뿌리라 하며, 혹은 존재를 상속함이라 하며, 혹은 악행이라 하며, 혹은 애착이라 하며, 혹은 병의 근원이라 하며, 혹은 분수라 한다.

모든 불자들이여, 고멸성제라 말한 것은 저 밀훈세계 가운데서는 혹은 제일의라 하며, 혹은 벗어남이라 하며, 혹은 찬탄할 일이라 하며, 혹은 안온이라 하며, 혹은 잘 들어간 곳이라 하며, 혹은 조복이라 하며, 혹은 일분이라 하며, 혹은 무죄라 하며, 혹은 탐욕을 여읨이라 하며, 혹은 결정이라 한다.

모든 불자들이여, 고멸도성제라 말한 것은 저 밀훈세계 가운데서는 혹은 용맹한 장수라 하며, 혹은 올라가는 행이라 하며, 혹은 뛰어남이라 하며, 혹은 방편이 있음이라 하며,

혹은 평등한 눈이라 하며, 혹은 가장자리를 여읨이라 하며, 혹은 깨달음이라 하며, 혹은 거두어 가짐이라 하며, 혹은 가장 수승한 눈이라 하며, 혹은 사방을 봄이라 한다.

모든 불자들이여, 밀훈세계에서 사성제를 말하는데 이와 같은 사백억 십천 가지의 이름이 있으니, 중생들의 마음을 따라서 다 조복하게 하신다.

모든 불자들이여, 이 사바세계에서 고성제라 말한 것은 저 최승세계 가운데서는 혹은 공포라 하며, 혹은 분단이라 하며, 혹은 미워할 것이라 하며, 혹은 받들어 섬김을 요구함이라 하며, 혹은 변해 달라짐이라 하며, 혹은 원수를 불러옴이라 하며, 혹은 능히 속여 빼앗음이라 하며, 혹은 함께하기 어려움이라 하며, 혹은 허망한 분별이라 하며, 혹은 세력이 있음이라 한다.

모든 불자들이여, 고집성제라 말한 것은 저 최승세계 가운데서는 혹은 썩음이라 하며, 혹은 어리석음의 뿌리라 하며, 혹은 큰 원수라 하며, 혹은 잘 드는 칼이라 하며, 혹은 없어지는 맛이라 하며, 혹은 원수를 대함이라 하며, 혹은 자기 것이 아님이라 하며, 혹은 나쁜 길잡이라 하며, 혹은 더욱 참참함이라 하며, 혹은 좋은 이익을 파괴함이라 한다.

모든 불자들이여, 고멸성제라 말한

것은 저 최승세계 가운데서는 혹은 대의라 하며, 혹은 요익이라 하며, 혹은 이치 중의 이치라 하며, 혹은 한량없음이라 하며, 혹은 마땅히 볼 것이라 하며, 혹은 분별을 여읨이라 하며, 혹은 최상의 조복이라 하며, 혹은 항상 평등함이라 하며, 혹은 함께 머무를 만함이라 하며, 혹은 무위라 한다.

모든 불자들이여, 고멸도성제라 말한 것은 저 최승세계 가운데서는 혹은 능히 태움이라 하며, 혹은 최상품이라 하며, 혹은 결정이라 하며, 혹은 깨뜨릴 수 없음이라 하며, 혹은 깊은 방편이라 하며, 혹은 벗어남이라 하며, 혹은 하열하지 않음이라 하며, 혹은 통달이라 하며, 혹은 해탈의 성품이라 하며, 혹은 능히 제도함이라 한다.

모든 불자들이여, 최승세계에서 사성제를 말하는데 이와 같은 사백억 십천 가지의 이름이 있으니, 중생들의 마음을 따라서 다 조복하게 하신다.

모든 불자들이여, 이 사바세계에서 고성제라 말한 것은 저 이구세계 가운데서는 혹은 회한이라 하며, 혹은 의지해 기다림이라 하며, 혹은 점점 굴러감이라 하며, 혹은 머무르는 성이라 하며, 혹은 한 맛이라 하며, 혹은 잘못된 법이라 하며, 혹은 거처하는 집이라 하며, 혹은 허망하게 집착하는 곳이라 하며, 혹은 허망한 소견이라 하며, 혹은 수효가 없음이라 한다.

　모든 불자들이여, 고집성제라 말한 것은 저 이구세계 가운데서는 혹은 실물이 없음이라 하며, 혹은 말만 있음이라 하며, 혹은 결백하지 않음이라 하며, 혹은 내는 땅이라 하며, 혹은 집취라 하며, 혹은 비천함이라 하며, 혹은 증장이라 하며, 혹은 무거운 짐이라 하며, 혹은 능히 냄이라 하며, 혹은 거칠고 사나움이라 한다.

모든 불자들이여, 고멸성제라 말한 것은 저 이구세계 가운데서는 혹은 무등등이라 하며, 혹은 모두 없앰이라 하며, 혹은 때를 여읨이라 하며, 혹은 가장 수승한 뿌리라 하며, 혹은 부합함이라 하며, 혹은 의지해 기다릴 것 없음이라 하며, 혹은 번뇌를 멸함이라 하며, 혹은 최상이라 하며, 혹은 필경이라 하며, 혹은 도장을 깨뜨림이라 한다.

모든 불자들이여, 고멸도성제라 말

한 것은 저 이구세계 가운데서는 혹은 견고한 물건이라 하며, 혹은 방편의 분이라 하며, 혹은 해탈의 근본이라 하며, 혹은 본 성품의 진실이라 하며, 혹은 훼방할 수 없음이라 하며, 혹은 가장 청정함이라 하며, 혹은 모든 존재의 끝이라 하며, 혹은 붙어있음이 온전함이라 하며, 혹은 짓는 일이 끝남이라 하며, 혹은 깨끗한 분별이라 한다.

모든 불자들이여, 이구세계에서 사

성제를 말하는데 이와 같은 사백억 십천 가지의 이름이 있으니, 중생들의 마음을 따라서 다 조복하게 하신다.

모든 불자들이여, 이 사바세계에서 고성제라 말한 것은 저 풍일세계 가운데서는 혹은 사랑에 물드는 곳이라 하며, 혹은 험난한 근본이라 하며, 혹은 모든 존재 바다의 분이라 하며, 혹은 모아 이룸이라 하며, 혹은 차별의 근본이라 하며, 혹은 증장이라 하며, 혹은 생멸이라 하며, 혹은 장애라 하며, 혹은 칼과 검의 근본이라 하며, 혹은 수효로 이루어진 것이라 한다.

모든 불자들이여, 고집성제라 말한 것은 저 풍일세계 가운데서는 혹은 미운 것이라 하며, 혹은 이름이라 하며, 혹은 다함이 없음이라 하며, 혹은 분수라 하며, 혹은 사랑할 수 없음이라 하며, 혹은 능히 움켜쥐어 씹음이라 하며, 혹은 거칠고 비루한 물건이라 하며, 혹은 애착이라 하며, 혹은 그릇이라 하며, 혹은 움직임이라 한다.

모든 불자들이여, 고멸성제라 말한 것은 저 풍일세계 가운데서는 혹은 상속이 끊어짐이라 하며, 혹은 열어 나타냄이라 하며, 혹은 글자가 없음이라 하며, 혹은 닦을 것이 없음이라 하며, 혹은 볼 것이 없음이라 하며, 혹은 지을 것이 없음이라 하며, 혹은 적멸이라 하며, 혹은 이미 다 타버림이라 하며, 혹은 무거운 짐을 벗음이라 하며, 혹은 이미 없애버림이라 한다.

모든 불자들이여, 고멸도성제라 말한 것은 저 풍일세계 가운데서는 혹은 적멸행이라 하며, 혹은 벗어나는 행이라 하며, 혹은 부지런히 닦아 증득함이라 하며, 혹은 편안히 감이라 하며, 혹은 한량없는 수명이라 하며, 혹은 잘 요달해 앎이라 하며, 혹은 끝까지 가는 길이라 하며, 혹은 닦기 어려움이라 하며, 혹은 피안에 이르름이라 하며, 혹은 능히 이김이 없음이라 한다.

　모든 불자들이여, 풍일세계에서 사성제를 말하는데 이와 같은 사백억 십천 가지의 이름이 있으니, 중생들의 마음을 따라서 다 조복하게 하신다.

　모든 불자들이여, 이 사바세계에서 고성제라 말하는 것은 저 섭취세계 가운데서는 혹은 능히 겁탈함이라 하며, 혹은 좋은 벗이 아님이라 하며, 혹은 두려움이 많음이라 하며, 혹은 갖가지 희론이라 하며, 혹은 지옥의 성품이라 하며, 혹은 진실한 뜻이 아님이라 하며, 혹은 탐욕의 짐이라 하며, 혹은 깊은 뿌리라 하며, 혹은 마음을 따라 구름이라 하며, 혹은 근본이 공함이라 한다.

모든 불자들이여, 고집성제라 말한 것은 저 섭취세계 가운데서는 혹은 탐착이라 하며, 혹은 악을 마련함이라 하며, 혹은 나쁜 허물이라 하며, 혹은 빠름이라 하며, 혹은 능히 집착해 가짐이라 하며, 혹은 생각함이라 하며, 혹은 과보가 있음이라 하며, 혹은 말할 것 없음이라 하며, 혹은 가질 것 없음이라 하며, 혹은 유전이라 한다.

 모든 불자들이여, 고멸성제라 말한 것은 저 섭취세계 가운데서는 혹은 불퇴전이라 하며, 혹은 언설을 여읨이라 하며, 혹은 모양이 없음이라 하며,

혹은 즐거운 것이라 하며, 혹은 견고라 하며, 혹은 아주 묘함이라 하며, 혹은 어리석음을 여읨이라 하며, 혹은 멸하여 다함이라 하며, 혹은 악을 멀리함이라 하며, 혹은 벗어남이라 한다.

모든 불자들이여, 고멸도성제라 말한 것은 저 섭취세계 가운데서는 혹은 말을 여읨이라 하며, 혹은 다툼이 없음이라 하며, 혹은 가르쳐 지도함이라 하며, 혹은 잘 회향함이라 하며, 혹은 매우 교묘함이라 하며, 혹은 차별한 방편이라 하며, 혹은 허공과 같음이라 하며, 혹은 고요한 행이라 하며, 혹은 수승한 지혜라 하며, 혹은 이치를 능히 요달함이라 한다.

모든 불자들이여, 섭취세계에서 사성제를 말하는데 이와 같은 사백억 십천 가지의 이름이 있으니, 중생들의 마음을 따라서 다 조복하게 하신다.

모든 불자들이여, 이 사바세계에서 고성제라 말한 것은 저 요익세계 가운데서는 혹은 무거운 짐이라 하며, 혹은 견고하지 않음이라 하며, 혹은 도둑과 같음이라 하며, 혹은 늙고 죽음이라 하며, 혹은 욕애로 이루어진 것이라 하며, 혹은 유전이라 하며, 혹은 피로함이라 하며, 혹은 나쁜 형상이라 하며, 혹은 생장함이라 하며, 혹은 잘 드는 칼이라 한다.

모든 불자들이여, 고집성제라 말한

것은 저 요익세계 가운데서는 혹은 부서지고 무너짐이라 하며, 혹은 혼탁이라 하며, 혹은 물러감이라 하며, 혹은 힘이 없음이라 하며, 혹은 상실이라 하며, 혹은 어김이라 하며, 혹은 불화합이라 하며, 혹은 지은 것이라 하며, 혹은 취함이라 하며, 혹은 의욕이라 한다.

모든 불자들이여, 고멸성제라 말한 것은 저 요익세계 가운데서는 혹은 감옥에서 나옴이라 하며, 혹은 진실이라 하며, 혹은 어려움을 여읨이라 하며, 혹은 덮어 보호함이라 하며, 혹은 악을 여읨이라 하며, 혹은 수순이라 하며, 혹은 근본이라 하며, 혹은 원인을 버림이라 하며, 혹은 무위라 하며, 혹은 상속이 없음이라 한다.

 모든 불자들이여, 고멸도성제라 말한 것은 저 요익세계 가운데서는 혹은 무소유에 도달함이라 하며, 혹은 일체 도장이라 하며, 혹은 삼매장이라 하며, 혹은 광명을 얻음이라 하며, 혹은 불퇴법이라 하며, 혹은 능히 존재를 다함이라 하며, 혹은 넓고 큰 길이라 하며, 혹은 능히 조복함이라 하며, 혹은 안온함이 있음이라 하며, 혹은 유전하지 않는 근본이라 한다.

모든 불자들이여, 요익세계에서 사성제를 말하는데 이와 같은 사백억 십천 가지의 이름이 있으니, 중생들의 마음을 따라서 다 조복하게 하신다.

모든 불자들이여, 이 사바세계에서 고성제라 말한 것은 저 선소세계 가운데서는 혹은 위험한 욕락이라 하며, 혹은 속박하는 곳이라 하며, 혹은 삿된 행이라 하며, 혹은 느낌을 따름이라 하며, 혹은 부끄러움이 없음이라 하며, 혹은 탐욕의 근본이라 하며, 혹은 항하의 흐름이라 하며, 혹은 항상 파괴함이라 하며, 혹은 횃불의 성품이라 하며, 혹은 걱정이 많음이라 한다.

모든 불자들이여, 고집성제라 말한 것은 저 선소세계 가운데서는 혹은 넓은 땅이라 하며, 혹은 능히 나아감이라 하며, 혹은 지혜를 멀리함이라 하며, 혹은 환난에 머무름이라 하며, 혹은 공포라 하며, 혹은 방일이라 하며, 혹은 거두어 가짐이라 하며, 혹은 집착하는 곳이라 하며, 혹은 집주인이라 하며, 혹은 속박이 이어짐이라 한다.

모든 불자들이여, 고멸성제라 말

한 것은 저 선소세계 가운데서는 혹은 충만이라 하며, 혹은 죽지 않음이라 하며, 혹은 무아라 하며, 혹은 자성이 없음이라 하며, 혹은 분별이 다함이라 하며, 혹은 안락하게 머무름이라 하며, 혹은 한량이 없음이라 하며, 혹은 유전하는 일이 끊어짐이라 하며, 혹은 행이 끊어진 곳이라 하며, 혹은 둘이 아님이라 한다.

모든 불자들이여, 고멸도성제라 말한 것은 저 선소세계 가운데서는 큰

광명이라 하며, 혹은 연설바다라 하며, 혹은 간택하는 뜻이라 하며, 혹은 화합하는 법이라 하며, 혹은 집착을 여읨이라 하며, 혹은 상속을 끊음이라 하며, 혹은 넓고 큰 길이라 하며, 혹은 평등한 원인이라 하며, 혹은 깨끗한 방편이라 하며, 혹은 가장 수승한 견해라 한다.

모든 불자들이여, 선소세계에서 사성제를 말하는데 이와 같은 사백억 십천 가지의 이름이 있으니, 중생들의 마음을 따라서 다 조복하게 하신다.

모든 불자들이여, 이 사바세계에서 고성제라 말한 것은 저 환희세계 가운데서는 혹은 유전이라 하며, 혹은 출생이라 하며, 혹은 물듦이라 하며, 혹은 무거운 짐이라 하며, 혹은 차별이라 하며, 혹은 속이 험함이라 하며, 혹은 집회라 하며, 혹은 나쁜 집이라 하며, 혹은 고뇌의 성품이라 한다.

모든 불자들이여, 고집성제라 말한 것은 저 환희세계 가운데서는 혹은 땅이라 하며, 혹은 방편이라 하며, 혹은 제때가 아님이라 하며, 혹은 진실하지 않은 법이라 하며, 혹은 밑이 없음이라 하며, 혹은 거두어 가짐이라 하며, 혹은 계를 여읨이라 하며, 혹은 번뇌의 법이라 하며, 혹은 좁고 하열한 소견이라 하며, 혹은 때덩이라 한다.

모든 불자들이여, 고멸성제라 말

한 것은 저 환희세계 가운데서는 혹은 의지를 깨뜨림이라 하며, 혹은 방일하지 않음이라 하며, 혹은 진실이라 하며, 혹은 평등이라 하며, 혹은 매우 깨끗함이라 하며, 혹은 병이 없음이라 하며, 혹은 굽지 않음이라 하며, 혹은 모양이 없음이라 하며, 혹은 자재라 하며, 혹은 무생이라 한다.

모든 불자들이여, 고멸도성제라 말한 것은 저 환희세계 가운데서 혹은 수승한 세계에 들어감이라 하며, 혹은 쌓아 모음을 끊음이라 하며, 혹은 같은 부류를 뛰어넘음이라 하며, 혹은 넓고 큰 성품이라 하며, 혹은 분별이 다함이라 하며, 혹은 신이한 힘의 길이라 하며, 혹은 여러 방편이라 하며, 혹은 바른 생각의 행이라 하며, 혹은 항상 고요한 길이라 하며, 혹은 해탈을 포섭함이라 한다.

 모든 불자들이여, 환희세계에서 사성제를 말하는데 이와 같은 사백억 십천 가지 이름이 있으니, 중생들의 마음을 따라서 다 조복하게 하신다.

모든 불자들이여, 이 사바세계에서 고성제라 말한 것은 저 관약세계 가운데서는 혹은 부서지고 무너지는 모양이라 하며, 혹은 질그릇 같음이라 하며, 혹은 내가 이룬 것이라 하며, 혹은 여러 갈래의 몸이라 하며, 혹은 자주 유전함이라 하며, 혹은 온갖 악의 문이라 하며, 혹은 성품의 고통이라 하며, 혹은 버릴 것이라 하며, 혹은 맛이 없음이라 하며, 혹은 오고 감이라 한다.

모든 불자들이여, 고집성제라 말한 것은 저 관약세계 가운데서는 혹은 행이라 하며, 혹은 분한 독이라 하며, 혹은 화합이라 하며, 혹은 느낌의 지분이라 하며, 혹은 내 마음이라 하며, 혹은 잡된 독이라 하며, 혹은 헛된 이름이라 하며, 혹은 어김이라 하며, 혹은 뜨거운 번뇌라 하며, 혹은 놀람이라 한다.

모든 불자들이여, 고멸성제라 말한 것은 저 관약세계 가운데서는 혹은 쌓인 것이 없음이라 하며, 혹은 얻을 수 없음이라 하며, 혹은 묘한 약이라 하며, 혹은 깨뜨릴 수 없음이라 하며, 혹은 집착이 없음이라 하며, 혹은 한량이 없음이라 하며, 혹은 넓고 큼이라 하며, 혹은 각분이라 하며, 혹은 물듦을 여읨이라 하며, 혹은 장애가 없음이라 한다.

모든 불자들이여, 고멸도성제라 말

한 것은 저 관약세계 가운데서는 혹은 안온한 행이라 하며, 혹은 욕심을 여읨이라 하며, 혹은 끝까지 진실함이라 하며, 혹은 이치에 들어감이라 하며, 혹은 성품의 구경이라 하며, 혹은 깨끗하게 나타남이라 하며, 혹은 생각을 거듭이라 하며, 혹은 해탈에 나아감이라 하며, 혹은 구제라 하며, 혹은 수승한 행이라 한다.

모든 불자들이여, 관약세계에서 사성제를 말하는데 이와 같은 사백억 십천 가지의 이름이 있으니, 중생들의 마음을 따라서 다 조복하게 하신다.

모든 불자들이여, 이 사바세계에서 고성제라 말한 것은 저 진음세계 가운데서는 혹은 허물을 숨김이라 하며, 혹은 세간이라 하며, 혹은 의지한 곳이라 하며, 혹은 오만이라 하며, 혹은 물들게 하는 성품이라 하며, 혹은 빨리 흐름이라 하며, 혹은 즐겁지 않음이라 하며, 혹은 덮어 감추임이라 하며, 혹은 빨리 멸함이라 하며, 혹은 조복하기 어려움이라 한다.

모든 불자들이여, 고집성제라 말한 것은 저 진음세계 가운데서는 혹은 모름지기 제어할 것이라 하며, 혹은 마음의 나아감이라 하며, 혹은 능히 결박함이라 하며, 혹은 생각을 따라 일어남이라 하며, 혹은 나중까지 이르름이라 하며, 혹은 함께 화합함이라 하며, 혹은 분별이라 하며, 혹은 문이라 하며, 혹은 나부껴 움직임이라 하며, 혹은 숨겨 덮음이라 한다.

모든 불자들이여, 고멸성제라 말한 것은 저 진음세계 가운데서는 혹은 의지할 데가 없음이라 하며, 혹은 취할 수 없음이라 하며, 혹은 전환함이라 하며, 혹은 다툼을 여읨이라 하며, 혹은 작음이라 하며, 혹은 큼이라 하며, 혹은 매우 깨끗함이라 하며, 혹은 다함이 없음이라 하며, 혹은 넓음이라 하며, 혹은 같음이 없는 값이라 한다.

모든 불자들이여, 고멸도성제라 말한 것은 저 진음세계 가운데서는 혹은 관찰이라 하며, 혹은 능히 적을 부숨이라 하며, 혹은 도장을 분명히 앎이라 하며, 혹은 능히 성품에 들어감이라 하며, 혹은 대적하기 어려움이라 하며, 혹은 무한한 뜻이라 하며, 혹은 능히 지혜에 들어감이라 하며, 혹은 화합하는 길이라 하며, 혹은 항상 움직이지 않음이라 하며, 혹은 수승한 이치라 한다.

　모든 불자들이여, 진음세계에서 사성제를 말하는데 이와 같은 사백억 십천 가지의 이름이 있으니, 중생들의 마음을 따라서 다 조복하게 하신다.

　모든 불자들이여, 이 사바세계 가운데서 사성제를 말하는데 사백억 십천 가지의 이름이 있는 것처럼, 이와 같이 동방의 백천억과 수없고, 한량없고, 가없고, 같음이 없고, 셀 수 없고, 일컬을 수 없고, 생각할 수 없고, 헤아릴 수 없고, 말할 수 없는, 온 법계 허공계에 있는 세계의 저 낱낱 세계 가운데서 사성제를 말하는 데도 또한 각각 사백억 십천 가지의 이름이 있으니, 중생들의 마음을 따라서 다 조복하게 하신다.

 동방과 같이 남방과 서방과 북방과 네 간방과 상방과 하방도 또한 다시 이와 같다.

모든 불자들이여, 사바세계에 위에서 말한 것과 같은 시방세계가 있는 것처럼, 저 일체 세계에도 또한 각각 이와 같은 시방세계가 있어, 낱낱 세계 가운데서 고성제를 말하는데 백억만 가지의 이름이 있다.

집성제와 멸성제와 도성제를 말하는데도 또한 각각 백억만 가지의 이름이 있으니, 모두 중생들의 마음에 즐겨하는 바를 따라서 그들로 하여금 조복하게 하신다."

〈대방광불화엄경 제12권〉

회향송

아차보현수승행
무변승복개회향
보원침익제중생
속왕무량광불찰

시방삼세일체불
제존보살마하살
마하반야바라밀

廻向頌

我此普賢殊勝行
無邊勝福皆迴向
普願沈溺諸衆生
速往無量光佛刹

十方三世一切佛
諸尊菩薩摩訶薩
摩訶般若波羅蜜

大方廣佛華嚴經 — 부록

- 대방광불화엄경 목차

- 간행사

대방광불화엄경
목차

〈제1회〉

제1권	제1품	세주묘엄품 [1]
제2권	제1품	세주묘엄품 [2]
제3권	제1품	세주묘엄품 [3]
제4권	제1품	세주묘엄품 [4]
제5권	제1품	세주묘엄품 [5]
제6권	제2품	여래현상품
제7권	제3품	보현삼매품
	제4품	세계성취품
제8권	제5품	화장세계품 [1]
제9권	제5품	화장세계품 [2]
제10권	제5품	화장세계품 [3]
제11권	제6품	비로자나품

〈제2회〉

제12권	제7품	여래명호품
	제8품	사성제품
제13권	제9품	광명각품
	제10품	보살문명품
제14권	제11품	정행품
	제12품	현수품 [1]
제15권	제12품	현수품 [2]

〈제3회〉

제16권	제13품	승수미산정품
	제14품	수미정상게찬품
	제15품	십주품
제17권	제16품	범행품
	제17품	초발심공덕품
제18권	제18품	명법품

〈제4회〉

제19권　제19품　승야마천궁품
　　　　　제20품　야마궁중게찬품
　　　　　제21품　십행품 [1]

제20권　제21품　십행품 [2]

제21권　제22품　십무진장품

〈제5회〉

제22권　제23품　승도솔천궁품

제23권　제24품　도솔궁중게찬품
　　　　　제25품　십회향품 [1]

제24권　제25품　십회향품 [2]

제25권　제25품　십회향품 [3]

제26권　제25품　십회향품 [4]

제27권　제25품　십회향품 [5]

제28권　제25품　십회향품 [6]

제29권　제25품　십회향품 [7]

제30권　제25품　십회향품 [8]

제31권　제25품　십회향품 [9]

제32권　제25품　십회향품 [10]

제33권　제25품　십회향품 [11]

〈제6회〉

제34권　제26품　십지품 [1]

제35권　제26품　십지품 [2]

제36권　제26품　십지품 [3]

제37권　제26품　십지품 [4]

제38권　제26품　십지품 [5]

제39권　제26품　십지품 [6]

〈제7회〉

제40권　제27품　십정품 [1]

제41권　제27품　십정품 [2]

제42권　제27품　십정품 [3]

제43권　제27품　십정품 [4]

제44권　제28품　십통품
　　　　　제29품　십인품

제45권　제30품　아승지품
　　　　　제31품　수량품
　　　　　제32품　제보살주처품

제46권　제33품　불부사의법품 [1]

제47권　제33품　불부사의법품 [2]

제48권	제34품	여래십신상해품
	제35품	여래수호광명공덕품
제49권	제36품	보현행품
제50권	제37품	여래출현품 [1]
제51권	제37품	여래출현품 [2]
제52권	제37품	여래출현품 [3]

〈제8회〉

제53권 제38품 이세간품 [1]
제54권 제38품 이세간품 [2]
제55권 제38품 이세간품 [3]
제56권 제38품 이세간품 [4]
제57권 제38품 이세간품 [5]
제58권 제38품 이세간품 [6]
제59권 제38품 이세간품 [7]

〈제9회〉

제60권 제39품 입법계품 [1]
제61권 제39품 입법계품 [2]
제62권 제39품 입법계품 [3]
제63권 제39품 입법계품 [4]
제64권 제39품 입법계품 [5]
제65권 제39품 입법계품 [6]
제66권 제39품 입법계품 [7]
제67권 제39품 입법계품 [8]
제68권 제39품 입법계품 [9]
제69권 제39품 입법계품 [10]
제70권 제39품 입법계품 [11]
제71권 제39품 입법계품 [12]
제72권 제39품 입법계품 [13]
제73권 제39품 입법계품 [14]
제74권 제39품 입법계품 [15]
제75권 제39품 입법계품 [16]
제76권 제39품 입법계품 [17]
제77권 제39품 입법계품 [18]
제78권 제39품 입법계품 [19]
제79권 제39품 입법계품 [20]
제80권 제39품 입법계품 [21]

간 행 사

귀의삼보 하옵고,

『대방광불화엄경』의 수지 독송과 유통을 발원하면서 수미정사 불전연구원에서 『독송본 한문·한글역 대방광불화엄경』과 『사경본 한글역 대방광불화엄경』을 편찬하여 간행하게 되었습니다.

『화엄경』은 우리나라에 전래된 이래 일찍부터 사경되고 주석·강설되어 왔으며 근현대에 이르러서는 『화엄경』의 한글 번역과 연구도 부쩍 많이 이루어졌습니다. 그만큼 『화엄경』이 우리 불자님들의 신행과 해탈에 큰 의지처가 되었던 것임을 알 수 있습니다.

『화엄경』을 독송하고 사경하는 공덕은 설법 공덕과 함께 크게 강조되어 왔습니다. 그리하여 수미정사 불전연구원에서도 『화엄경』(80권)을 독송하고 사경하는 데 도움이 되도록 한문 원문과 한글역을 함께 수록한 독송본과 한글역의 사경본 『화엄경』 간행불사를 발원하였습니다. 이 『화엄경』 간행불사에 뜻을 같이하여 적극 후원해주신 스님들과 재가 불자님들께 깊이 감사드립니다. 또한 『화엄경』을 수지 독송할 수 있도록 경책의 모습으로 장엄해 주신 편집위원들과 담앤북스 출판사 관계자들께도 고마움을 표합니다.

끝으로 이 불사의 원만 회향으로 『화엄경』이 널리 유통되고, 온 법계에 부처님의 가피가 충만하시길 기원드립니다.

나무 대방광불화엄경

불기 2564년 '부처님오신날'을 봉축하며
수미해주 합장

위태천신(동진보살)

수미해주 須彌海住

동국대학교 명예교수
중앙승가대학교 법인이사
대한불교조계종 수미정사 주지

사경본 한글역
대방광불화엄경 제12권

| 초판 1쇄 발행_ 2021년 3월 24일

| 엮은이_ 수미해주
| 엮은곳_ 수미정사 불전연구원
| 편집위원_ 해주 수정 경진 선초 정천 석도 박보람 최원섭
| 편집보_ 무이 무진 김지예

| 펴낸이_ 오세룡
| 펴낸곳_ 담앤북스
　　　　서울특별시 종로구 새문안로3길 23 경희궁의 아침 4단지 805호
　　　　대표전화 02)765-1251　전자우편 damnbooks@hanmail.net
　　　　출판등록 제300-2011-115호
| ISBN_ 979-11-6201-287-1　04220

이 책은 저작권 법에 따라 보호받는 저작물이므로 무단전재와 복제를 금합니다.
이 책 내용의 전부 또는 일부를 이용하려면 반드시 저작권자와 담앤북스의 서면 동의를 받아야 합니다.

정가 10,000원
ⓒ 수미해주 2021